JN409106

종소리에 들다

성흥영 시집

종소리에 들다

해암

| 자서 |

하늘에는 빛나는 별

땅에는 존재의 집인 시들이 있다

면벽 같은 9년의 세월을 마치고

세상에 빛을 본다

벽을 뚫는 드릴, 명상과 만트라

포근한 마음을 타고

새로운 새벽을 만끽하기 위해

천리향이 수북이 쌓인 징검돌을 놓는다

2015년 8월 15일 月江軒에서

大然 성 흥 영

| 차례 |

1_ 풍경

풍경 _ 13
낙향 _ 14
찾겠다 꾀꼬리 _ 15
립스틱 몽상 _ 16
도서관에서 본 여인 _ 17
나리와 애지 _ 18
도시의 은둔자 _ 19
대붕의 날갯짓 _ 20
몰운대 _ 21
선암사 _ 22
범종 소리 _ 23
바람고개 _ 24
강 바람난 버즘나무 아가씨 _ 26
우수는 우수인가 _ 27
백양산을 속을 맴도는 이유 _ 28
탑돌이 _ 30
섬의 기원 _ 32
속울음이 타는 노을 _ 34

2_ 알게 되지, 봄날은 가는 걸

알게 되지, 봄날은 가는 걸 _ 37
침대 _ 38
문자들과 대화 _ 40
남이섬의 연가 _ 42
목포는 항구다 _ 44
누가 먼저 울었을까 _ 46
내가 살아가는 이유 _ 47
달 _ 48
애모 _ 49
여름밤의 단상 _ 50
흔들리며 웃는 대숲 _ 51
熱愛 _ 52
가마터 _ 53
모란꽃 무늬 _ 54
파랑새 _ 55
비 오는 날 그대에게 가고 싶다 _ 56

3_ 여자가 화장을 고치는 이유

여자가 화장을 고치는 이유 _ 59
무위의 삶 _ 61
종소리에 들다 _ 62
꽃잎의 파동 _ 64
산으로 간다 _ 65
아, 사람아 _ 67
마지막 메시지 _ 69
그림자 _ 70
불타는 서정의 순간 _ 71
파도 _ 72
아직도 별은 빛난다 _ 73
가을은 탱고를 타고 _ 75
몸속에서 피는 산수유꽃 _ 76
불꽃, 불멸의 사랑 _ 77
어머니 산소에서 _ 79
묵향에 젖어 _ 81
적멸의 화가 _ 83
그때가 좋았지 _ 84

4_ 옛 서라벌로 돌아가리라

옛 서라벌로 돌아가리라 _ 87
제야의 종소리 _ 88
푸른 밥상 _ 89
무애차 _ 90
알몸 _ 92
만파식적 _ 94
거기 구두 한 짝 있느냐 _ 95
비 젖은 출가 길 _ 97
존재의 집 9 _ 98
空 _ 99
더불어 한 길 _ 100
등불 _ 101
어느 禪師와의 대화 _ 102
사랑의 곳간 _ 104
콧구멍 없는 소 _ 105
知見의 묘법연화경을 읽다 _ 106
차 한 잔 마시고 가게 _ 108
설다 _ 109

5_ 원효학개론

원효순례 _ 113
대승의 본질 _ 115
기신의 의미와 삼대 _ 117
행복은 진여삼매다 _ 118
인연법과 일심법 _ 120
대승을 향한 발심과 수행 _ 121
모든 것은 마음먹기에 달려 있음과 삼세육추 _ 124
원초의 마음 _ 125
더불어 한 길 _ 127
중도는 묘계환중이다 _ 128

시인의 말 _ 130

풍경

풍경

풍경은 소리의 공책이다
소나무가 울면 우는 대로 적고
꾀꼬리가 노래하면 노래하는 대로 적고
백양산 숨 쉬는 소리도 받아 적는다
소설소설小舌小說 속삭이는 연인들의 말도 받아 적는다
외로운 버러지 한 마리 무슨 설움에 겨웠는지
쉼 없이 울고 있는 소리,
여인의 란제리 벗는 소리
비구니 스님의 춤, 소매를 접어 하늘로 뻗는 소리
시인의 한숨 소리
어디든 가서 휘젓는 바람 소리도 받아 적는다

풍경소리는 누가 적을까
풍경 스스로 찌지직 찌 직지直指 몸을 태워
천년목千年木 한 그루 소리나무로 잉태하느니

낙향

나무를 떠난 낙하의 능금은
하얗게 밝은 우주를 슬프게 바라본다
그녀의 입 속에서도 꽃망울 터지는 소리가 난다
등에는 아기를 업고
양손에 보따리 들고
머리에 짐을 이고
치맛자락에 아이를 달고 가는 어머니의
귀향길이 고목나무 가지에 걸린
멧새의 둥지만한 집을 짓고
무진산無盡山 무진천無盡泉에 절로 고인 바위 샘물 떠서
별항아리에 담는다
'국제시장' 은 만공滿空에 서서
이 산 어딘가 있을 죽음보다 질긴
핏빛나는 전쟁사를 길어 올렸다

계곡 사이에 쏟아진 수많은 별꽃들을 위해
백자의 문양처럼 새겨둘 것이라

찾겠다 꾀꼬리

찾겠다 꾀꼬리
꾀꼴 꾀꼴

천막을 친다
책상을 차린다
손끝에 꾀꼬리 달고 기타가 흔들린다
수와 진*의 손이 바쁘다
산에서 내려오는 상춘객의 손끝에
매달린 지폐는 하얀 꽃잎이다
꽃잎은 꾀꼬리를 안고
기타를 친다
파란 오후, 찾겠다 꾀꼬리
꾀꼬리 소리

*어린이공원에서 심장병치유를 위해 모금하는 형제 가수

립스틱 몽상

그저 바라보고만 있었지
빠알간 립스틱을 바른 입술에
초점을 맞추고 있었지
빠알간 입술은 나의 미래다
활화산을 녹여 짓이겨진 새빨간 피 같은
립스틱에서 해가 솟아 오른다
눈부신 저 붉은 입술
립스틱을 짙게 바르고
긴 침묵으로 다진 숨소리가
곧은 등줄기를 타고
천 년의 해탈 언어를 쏟아내고 있다
굽 높은 신발을 벗어
불두덩을 쓰다듬으며…

도서관에서 본 여인

산속에 가지 않고
도서관에서 화두를 들고 있네

사람들 속에서 벙어리가 된다
묵언인가
최상승의 이심전심은 자유스러워진다는 것
부처가 된다고 기웃거리는 공부는 아닐 테지
세속의 무겁고 따분한 삶 벗어버리는
그런 것 말이다

산은 산 물은 물, 하필이면 서쪽에만 극락세계냐
가시버시도 못 되고 성녀도 아닌 그 여인
옆 눈 팔지 않고
하도낙서河圖洛書*만 그려보네

* 음양학의 기본원리, 오늘날 도서관이란 말이 하도낙서에서 나왔음

나리와 애지愛之

바람이 불어 사랑하지 못할까
아름다워서 사랑 못할까
나리*가 밀려오는 밤
애지**는 올 것이다
그리고 속삭일 것이다
너를 위해 새로운 하늘을 열면
어딘가에 집이 있을 것이다
애지를 사랑해서
폭풍과 해일 속으로 휩쓸려 들어 갈까 봐
매실주를 마셔도 타는 속은 그대로다
나리는 내륙을 관통하고
나는 순백한 애지를 생각하고
내일이면 태양 따라 환히 트인
길에 나서는 너를 껴안은 채
비로자나부처님을 조각하며
사랑의 못질을 할 것이다
영혼을 담은 사랑 때문에
나리도 비껴갈 것이다

---

* 태풍 이름
** 논어에 나오는 말 愛之欲其生, 사랑이란 그 사람의 생명을 살리는 것

도시의 은둔자

적막은 하늘 끝에
절은 땅 끝에
내 마음은 어느 끝에
숨어서 우는 걸까
읽던 책 덮어두면
초롱불 꺼지는 밤
적요가 눈처럼 쌓이는
초암草庵에서
그리운 님 옆에 두고
모닥불 지피며
살리라

대붕의 날갯짓

당신이 마음공부하러 절에 간 사이
난 펑크 난 자동차 바퀴를 땜질하는 것처럼
내 마음을 담벼락에 걸쳐 놓고
햇빛에 말리고 있었다
어제의 흔적을 지우려 활인검活人劍으로
집도하여야 할 당신은 아직 오지 않았다
당신 밖에 없는 나는 누구에게 수술 받으랴
당신이 없는 사이
장자가 꿈꾸던 나비를 찾고
병을 부수지 않고 나오는 파랑새를 찾고
구만리장천을 날아가려는 대붕大鵬*의 날갯짓이
바람의 묵계默契인지도 모르겠다
언제나 그 길,
은닉隱匿한 별자리,
땅거북의 등딱지가 환해지는 갈라파고스**로
가고 있었다

---

* 대붕이란 새는 남쪽바다로 날아갈 때 파도를 3천리를 일으키고 9만리 높이 오른 다음 유월의 큰 바람을 타고 날아간다(재해의 말). 장주는 그 큰 붕새는 북쪽바다에 살았던 곤이라는 큰 고기가 변해서 새가 되었다고 한다(장자 소요유편) 대붕은 큰 바람이 없으면 날지 못한다. 매미나 비들기가 어찌 대붕의 속을 알랴

** 남아메리카로부터 1,000Km 떨어진 화산섬. 찰스 다윈은 이 섬에서 진화론에 대한 기초조사를 하였다.

몰운대

나 여기 섰네
부풀어 오는 물결의 숨소리에 잠겨
옛 사랑을 잊으리
파도치면 잊을래

나보다 더 사랑한 연화장蓮華藏 푸른 바다에
감춰진 말, 잊으리오
옛 날의 칠색 구름
달콤한 비애悲哀로 잊을래

선암사

봄바람 머금은 손등에 피어오르는 입술
더불어 한길로 가고 싶은 마음인데
천 년 그리움의 물길에 젖어
석탑에 돌 하나, 돌 둘을 집어 올렸다
산다는 것은 한계를 넘어선 찬란한 도전인 것을
왜 몰랐을까

바람에 흔들리는 달이 손가락을 보지 말고
나를 보라는 오랜 비유의 말을 만들고
빛의 상징인 나의 고향집 같은 옛절에서
깨닫지 못해도 사랑은 가벼워지지 않았다
아, 저 산 너머로 건너 간 구름 따라
버려야 할 것, 마지막까지 남겨 두어야할 가장
소중한 것이 무엇인가를

영혼을 씻어 내려는
목이 잿긴 파랑새가 먼저 보고 싶다고
징검돌을 밟고 나래를 펴는데
나는 어디로 가야할까
선암사를 머리에 인체 우는 풍경소리 때문에
돌아설 수가 없는 푸른 만트라, 만트라가 되었네

범종 소리

범종 소리 적멸처럼 쏟아놓는다
아직은 듣지 말라는 소리
마음의 심층까지 내려가
내가 아닌 나를 알기까지
아직은 듣지 말라는 소리인가
범종소리 오죽이나 오묘했으면
지옥 중생을 구제하는 영계靈界의 소리라 했을까
귀촉도 울음소리마저 끊어져도
진흙과 질그릇이 그랬듯이 둘이 아닌 하나인
저 그리운 님을 향하여 오체투지五體投地할 수 있을까
일상사가 도道라 하면
보고 싶은 벼랑끝 마음의 자물쇠를 풀어 주는 것도
다를 것 없느니
오, 눈 먼 나를 버린다면
술은 술대로 노래는 노래대로 부르다가
당신을 찾으려는 낡은 구두를 숲 속에 던져버려
맨발로 가는 길을 종소리에 물어보리라

바람고개*

바람이 고개를 만들고
고개가 가파른 숨소리를 듣는 그곳
넘을 수 없는 고개일까

바람은
가라앉을수록 고개를 넘고
고개를 오르기 위해 제 그림자를 남긴다
산 꿩이 알을 낳아 날지 못하고
끄윽 끄윽 그리움의 바람살만 품속에 감춘다

꽃들이 피는 날에
나무 사이로 얼핏 보일 여름 철새들이
자로 재듯 날아올 시간도 멀지 않는데
해풍에 시달린 나무처럼
몸을 낮게 낮추어
새들의 노래를 들을 줄 알고
꽃말도 알아들어야 한다
차마 당신을 만나는 바람인 줄을
이제사 알았으니 전부가 바람이었구나

'돌아와요 부산항' 에 설움 한 가락
허공으로 실어 보내고 고갯길 넘어 간다
좋아하던 시절, 나무에 기대어 기다리다가
잡초 위에 눕다가 일어난 그때를 이탈하지 않고
미래의 시간을 약속한 꺽짓손 잡으며
걸어 온 길보다 더 먼 길을 떠나야 한다
푸른 이정표 선명한 바람고개를 뒤로한 채

---

*백양산에 있는 고개

강 바람난 버즘나무 아가씨

하야리아 부대에서 자란 버즘나무
많은 미군들의 사랑을 받고 있었지만
속내는 감옥이었다
그들은 떠났지만
많은 슬픔이 흘러야 그들을 만나는 건지
차가운 이별 가슴에 묻고 살았을 게다
부전천 생태하천이 만들어 지면서 높은 강둑에 서서
강바람을 만들어
오가는 사람들을 녹음의 품으로 유혹했지
남들은 푸른 절개라 하지만
사람들은 왜 그리움의 몸살을 모르는가
세상사 부딪치며 이렇게 살다가,
부산 부두에서 배 한번 타고
망망대해를 향하고 싶은 활기찬 나이인데
수십 년 모진 뿌리에 엉키어 한 발짝도 걸을 수 없는
슬픈 사연을 누가 알까
시민공원에 시나브로 시나브로 해가 저문다

우수雨水는 우수憂愁인가

온몸을 꽃으로 나부낀 성지곡수원지 입구
파트타임으로 봉고차 몰다가
어린이를 치워 병원으로 실려 보낸
아, 과일 파는 아줌마
블랙홀 속으로 깊숙이 숨어들었다

단 한 번만이라도 푸르게 피우려는
욕망의 차인데
우수수 떨어지는 낙엽 같아
무슨 봄인가
아, 이 우수雨水에
살아서 내리는 빗물은 채워지지 않고
밑바닥을 드러낸 과일가게
먼지만 먼지만 계속 쌓이네

색즉시공色卽是空
공즉시색空卽是色
우수는 우수憂愁롭기만 하다

백양산 속을 맴도는 이유

아득한 숲의 저편에 수직으로 서 있는 산은
깊숙이 숨어 있는 뿌리일 것이다
산속을 맴도는 이유는 산의 뿌리를 통하여
역사의 진실이 무언가를 찾기 위해서다
아, 깊디깊은 그대 수풀의 바다에
침몰한 나의 실체는 마침표를 찍지 못한 서글픔이다

산속을 맴돈다
온갖 뿌리들이 꿈을 꾸고 햇빛을 바라본다
박의사의 무덤이 걸어서 움직인다
제7헌병 학도병들이 일어서고 있다
흰 양 같은 순진한 백성의 함성을 듣는가
교문 밖을 뛰어나간 부산학생의거, 저항의 소리가 들린다
이수현 추모비, 적멸의 시간을 읽었다

산속 깊이 숨겨진 9천 년 역사의 비밀 코드를 찾아야 한다
비에 떨어진 꽃잎을 밟으며 산속을 또 맴돈다
봄비에 젖은 백양산은 역사의 뿌리이다
백양산의 뿌리가 땅 속에서 백두산의 뿌리와 악수한다

연이어 고구려 땅 속의 뿌리가 연리지連理枝처럼 붙어 있다
머나먼 옛 땅 만주 벌판까지 뻗어나가야 한다
내 서가에 한 자리를 차지하고 있는 환단고기桓檀古記*가
나를 보며 손짓 한다
역사의 뿌리를 망각하면 미래가 없다고…

*환국(7세 환인 3301년), 배달(18세 환웅 1565년), 고조선(47세 단군 2096년)의 상고시대의 역사서로 왜곡된 한국사를 밝히는 단초가 됨

탑돌이

눈물은 슬픔의 입자를 머금은 채 탑을 돈다
탑 속에 박제된 아비지*의 눈물이 범종이다
탑을 도는 어깨 위에 종소리가 살포시 앉으며
사랑의 닻을 내린다
탑, 그것은 별이 땅에 떨어질 때 사람과 처음 만나는 곳
탑, 그것은 사람이 별에서 태어나 지상으로 내려올 때
낙하지점이라는 것
죽도록 기다려서
죽도록 사랑해서
발맞추어 함께 걷던
아, 폭죽처럼 휘황찬란하게 솟아난
시월의 마지막 밤을 잊지 못하지
헬 수도 없는 영혼의 퇴적
삶과 죽음의 경계에 피는 저 탑은
은하의 별처럼 지고 마는 걸
적멸의 허공에 있는 사리를 품고 그녀는 탑을 돈다
소리 내어 울지 못한 채
별빛 아래 눈부시게 타오르다 스러진다
멀리서 들려오는 무지개빛 종소리도
탑을 도는가

*황룡사 구층탑을 지은 백제의 건축가

♣ 詩作노트

꽃이 피면 반드시 지듯 별도 핵 연료가 다 떨어지면 죽는다. 그러나 흰 색깔의 작은 별이나 아니면 중성자 별로 남게 된다. 별들이 죽을 때 방출된 물질이 모여서 다음세대의 별들을 탄생시키며 우주를 밝혀가듯 사람도 죽음이 죽음이 아니고 죽음이 곧 탄생이며, 인류의 역사를 새롭게 만들어 간다. 황룡사 구층탑은 이웃 아홉 나라 다스리기 위한 목적이지만 탑을 쌓는 인간의 행위자체는 영원한 고향인 별을 향한 인간의 끊임없는 열정이며, 인간의 무한한 가능성의 상징이다. 백제의 유명한 장인, 아비지와 그를 사랑한 나머지 죽음까지도 초월한 신라의 여인간의 러브스토리를 상상하면서 지었다. 멀리서 들려오는 무지갯빛 종소리는 제2의 탄생의 시작을 의미한다. 사람의 만남도 언젠가는 이별인데 만나는 인연도 소중히 여겨 맛나게 사랑하다가 별처럼 사라지리라.

상투머리의 상투 어원은 상두上斗로 북두칠성의 북두를 말한다. 옛부터 내려 오는 칠성신앙으로 나의 마음과 하느님의 마음이 하나가 되게 상투를 틀었다. 고래로 우리나라는 천손민족이며 천문학이 일찍 발달되었다.

환단고기에 기록되어 있는 서기전 1733년에 일어난 오성취루현상이 천문학적으로 증명되었다. 오성취루五星聚婁란 화성 수성 토성 목성 금성 다섯 행성이 일렬로 배치되어 있는 것을 말한다.

섬의 기원祈願

섬이 저만치 서 있다
그 섬이 산이었던 태고 시절에
감춰 두었던 한 잎의 여자를 만나러
무작정 산을 오른다

쭈뼛쭈뼛 솟아난 가시나무 사이에서
다람쥐는 세월바퀴를 돌리고
내 기억은 활처럼 휘어져
희미한 빛으로 소용돌이 치고 있는 건
아마도 그 섬으로 가기 위해
숲속에 숨겨둔 하얀 조각배 하나 가지려
산으로 투벅투벅 소리 없이 걸어가려는 것이라네

굽어진 내 등 뒤에서
축 늘어진, 가냘픈 숨소리를 들으며
바다의 노인, 산티아고처럼 다시 노를 잡았네

그리움이 젖무덤 가운데 살고 있는
그 여자 때문인지,

하늬바람 탓인지
조각배는 흔들리고
그 흔들림에도 불의 키스가 있었던
그렇게 깊은 밤섬이었네
그렇게 그렇게 스며드는 별섬이었네

속울음이 타는 노을

하루를 살아도
저 솟구치는 황홀한 노을에
까무러치게
혼절하고 싶다

날개 없는 찬란한 낙하

절 한 채 지었다가 허물었다

속울음,
붉게 타올라
온몸으로 살다가
온몸으로 죽어가는
저 서러운 절창을
소신공양으로 날려 보낼 수 있으랴

알게 되지,
봄날은 가는 걸

알게 되지, 봄날은 가는 걸

추운 겨울 후 따뜻한 봄날이 오고
어둠을 통해서 빛이 온다 해도 알게 되지,
나무들이 바람에 다 부러지는 것이 아니고
촛불이 자신만을 태우고 주위를 비추지 못하는 건 아닌데
과거는 사라져 간 것이 아니라
고려청자의 문양처럼 새겨져 있어 알게 되지,
칼 야스퍼스는 일본의 미륵반가사유상을 보고
완성된 인간 실존, 최고의 미적 표현이라고 말해도
알게 되지, 누가 만들었는가를
정말 사랑했던 마지막 여인이
옛사랑을 남기지 않고 말없이 떠날 때
이불을 덮어쓰고 소리 내어 실컷 울어
편해진 이 마음의 파동이 그대에게 가려면
사랑이 되기에는 너무나 아픈 시가 살아 있어야 하는 걸
알게 되지, 그래도 봄날은 간다

침대

숨결이 사라진 텅 빈 집에 아무도 눕지 않는 낡은 침대가
꿈을 꾼다
누군가가 조상의 옆구리에 매달린 낙동강 흰 모래를 퍼 올리
고 햇빛에 내려쬐던 결 고운 먼지들이 땅의 균열을
지켜보고 있다
시지포스의 운명처럼 꿈을 반복해서 숨을 쉬지만 포장되어
묶여있는 물건처럼 풀리지 않는다
고향의 뒷산에 있는 할머니 할아버지 묘지 위에 한 겨울의
눈만 펑펑 쏟아지는 것은 변할 리가 없다

저 트럭의 굉음소리가 되돌아와 내 위에서 잠들면 당신은
내 몸의 한가운데에 있고 나는 먼지로 뒤범벅이가 된 당신의
몸을 만질 때 깨어날지도 모른다
공사장에서 날려 온 돌이 창문을 부수고 그 틈새로 쉼 없이
들어오는 화사한 빛살과 등물 치던 우물가의 빨래소리가
향토의 문양이다

숲 없는 골짜기에서 다정한 연인들이 잊혀진 무릉도원의

추억을 더듬다 귀에 젖어든 폭포소리는 뽀얀 안개였고
첩첩연봉은 구름이었던 지상의 모든 골짜기가 복사꽃 밭이
될 때까지 걷고 있다

당신이 강물에 떠내려갈 때쯤이면 화왕산 산등성이에 걸린
달빛이 진달래꽃처럼 피리라 붉게 붉게

문자들과 대화

무궁무진함을 꿈꾸었던 저들의 환희와 이상
크게 그랬어
크게 그랬지
주고받은 대화 속에 이유가 없었지
넘치도록 행복했으니

해가 구름에 가리면 어떤 묘음妙音이 날까
달이 바람에 흔들리면 어떤 절음絕音이 날까
문자는 단상에서 지휘봉을 들고 율동 한다
율동이 많을수록 문자음은 작게 들리고,
음표는 8만4천개
한 음표마다 길게 할까 짧게 할까
밝게 할까 어둡게 할까
세익스피어 희곡이 공연될 때 천차만별의 연극이 나오듯
지휘봉을 흔들 때마다
사느냐 죽느냐, 시음詩音이 폭포처럼 떨어진다
앞뒤가 훤칠하게 툭툭 터져야 하지
그래야 그 안에 티끌이 쌓이지 않지

별자리 같은 문자가 지상으로 처음 내려올 때
시인의 꿈이라도 지녔을까

남이섬의 연가

나는 선잠에서 깨어났다
주위에는 아무도 없어 으앙 울어댔다
외로움이 별들처럼 모여
외로움이 더 빛나고 있다
누가 다독거리지 않아도
다시 선잠에 들었다

내 늙으면
남이섬 호숫가에 가서
그렇게 눈물 나리라
일렁거리는 잔물결 내 가슴에 닿으면
만나리라
그때 또 나는 눈물 나리라

보고픈 마음 호수에 잠기네
일렁거리는 잔물결
네 가슴에 또 닿으면
내생에서라도 만나리라
그때 또 나는 눈물 나리라

부둥켜안은 신열 속에 떠오르는
꽃 가슴 차마 잊으랴
옛 숨결 돌아오는 좁은 공간에서
정염의 불꽃,
다시 타오를 같은 남이섬의 하늘이여

목포는 항구다

아, 목포다 목포는 항구다
싱그러운 초록의 5월
버스에서 내린 첫발자국
'목포는 항구다'
오선지 음표로 남은 삼학도 등대아래서
목포는 서서히 진화해 왔다
밀물처럼 나타난 유달산이 그대였습니까
눈으로만 보는 것이 아니고
가슴으로 우는 것이 노적봉입니까

한 점 구름도 없는 맑은 하늘에
활짝 피어난 코스모스*가
드레이크의 방정식을 빌려 말을 한다
은하수에는 4,000억 개의 별이 있다
생명이 살 수 있는 행성은 1,000억 개며,
은하에 존재하는 문명사회는 수백만 개다
외계인과의 만남은 시간문제일 뿐이다

저 나무의 거시기,
끌어당기는 자석인 줄 알았는데
화성을 향한 출발선에 선 우주선 목포호는
영산강 안개 속 슬픈 기적소리에 목메어 운다
님 보고파 귀향할 지구행 티켓을 살 수 없는
못 오는 님이라면 울어도 소용없는 엘레지,
그래도 목포는 항구다

* 천문학자, 칼 세이건의 저서, 20세기 과학책으로 베스트셀러가 되었음

누가 먼저 울었을까

누가 먼저 울었을까
사랑을 잃고 나는 가네

미장원에 가서 가발 쓰고
여장을 하고 찾으려 나갈까

무슨 머리를 할까
까치머리를 할까
민머리를 할까
좋은 소식 오려면 까치가 좋겠네

민머리 하여 깊은 산 속
복사꽃 피는 무릉도원에 들어가
세상을 등질까

가애로운 내 사랑
지구의 그늘에 숨어버린 달일까

내가 살아가는 이유

지금 나의 존재이유는 글을 쓰기 위해서가 아니라
당신을 사랑하기 위해서란 것을 이생을 산 것보다
오랜 시간 지나서 알았다오
어떻게 사랑하나구요
내 혼이 닿을 수 있는 깊이와 넓이와 그 높이만큼
사랑한다고,
만약 당신의 기차를 놓쳤다고 해도 세상에서 가장
깊은 나의 사랑 앞에서는 절망이 설 자리는 없어요
마지막 식사를 함께할 수 없다 해도 그 많은 세월을
거쳐 다시 만나게 될 거요
새봄을 맞이하는 움트는 꽃잎처럼
당신이 살짝 오신다면 얼마나 좋을까
모든 것이 첫 경험처럼 존재 한다면

달

당신이라는 말,
좋아서 불러보니 행복해졌다
휘영청, 밝은 달빛으로 그대를 부빌 때
부르는 당신이라는 말
너무 좋아서
끝내 내려놓고 싶지 않는…

한 때 고독의 해독제를 마시고 있을 때
당신의 달이 나에게 다가와
문을 여는 순간
노오란 달빛 같은 개나리가 담벼락에 걸쳐
바람에 흔들리고 있었네

애모愛慕

바람은 어쩌려고 창문을 스치나
속엣 말 하나 못 꺼낸 내 마음자리
설렘으로 밤을 지새우니 난 차마 어쩌나

쪼그만 새 잎눈도 봄볕에 쬐이는데
그리운 내 님이여 어떻게 무얼 하나
청마가 따로 있으랴 정운님을 사랑하듯

남해안 바닷가 동그마니 바라본 님
추억은 아슴푸레 가슴에 저며 들고
청정한 색동옷 머무는 하늘색 꿈이여

여름밤의 단상

아직, 밖은 무더운 밤
불꽃 마주치는 맥주잔 소리
마음의 창을 열고
뜨거운 입김을 뿜아 올리던
한 여름의 열기,
타는 몸을 꺽어 봤으면
야성적이게 삭혀 봤으면
오, 이 무딘 입술
누군가를 사랑한다는 것은
어떤 아름다움보다도 더 아름답게 느껴지는 것

돌소는 진흙땅을 겁내지 않는다
목인木人은 꽃과 새를 보지 못한다
불사신의 피, 포효하는 가슴의 사나이가
살랑거리는 꽃내음을,
바람의 무게를,
정의의 여신, 아스트라이아처럼 저울질하며
태고적 꽃을 가뭇없이 품어본다

흔들리며 웃는 대숲

연꽃은 연못을 통해
연못은 별을 통해 웃는다
별은 당신을 통해서
사랑할 시간도 웃는다
사랑했으므로 소쩍새 소리에
대숲이 흔들리며 웃는다
소쩍새 소리에 젖지 않고
바람에 흔들리지 않고
화창한 봄은 어디 있으랴

熱愛

지금 당장 내 빰을 때리십시오
내가 그대를 사랑하기 때문에
당장 쓰러지지 않습니다

그대의 손으로 내 사랑의 탑을 무너뜨리십시오
내가 그대를 사랑하기 때문에
다시 돌을 주워 철옹성을 쌓겠습니다

지금 당장 현관문을 잠그십시오
그래도 그대를 사랑하기 때문에
바람이 되어 열쇠구멍으로 들어가겠습니다

그대가 이별을 하자고 손을 흔들어도
다음 생에 다시 만나는 이별이기 때문에
슬퍼하지는 않겠습니다

가마터

떨리는 손
손을 잡았던 손
돌아갈 수 있는 손은
빈손이 아니다
손으로 손을 찾고
손으로 부여잡았던 그곳에서
초상화를 빚어드리다
사랑이 가슴이랴
가마터가 사랑이랴
빈손으로 돌아갈 수 없는 손 때문에
먼 먼 여로의 첫 밤을 장작으로 불태우고 있다

모란꽃 무늬

꽃무늬를 만지는 순간
사랑이 싹트고 있음이라
손과 손을 마주잡는 그 순간
그리움의 눈물 한 방울 속에
온 우주가 비쳐
사랑의 별빛이 그대 무릎에 잠긴다
그대 마음은 태양보다 더 강하게
빛을 내고 있다
하루가 지나면 하루가 더 커지는
모란꽃 무늬, 빅뱅처럼 폭발 한다

파랑새

당신 눈 끝에서 피는 꽃 속에
일곱 소나무 씨앗이 잠자고 있네
본디 저 나무가 무성한 숲을 이루고
그 숲에서 가지를 치면서
노래하는 봄은
첫 사랑이다
시원한 물속에 잠기며,
연신 날아 오른다
막지 마라, 가지마라
우포늪 파랑새여

비 오는 날 그대에게 가고 싶다

비는 하염없이 내리고
발길에 떨어져 나가는 낭만의 빗소리를 만지며
그대에게 가고 싶다
보고 싶다, 보고 싶다는 말이 주문呪文이 되었건만
하늘의 질투인지
칠석 전야부터 미리내의 봇물이 터져
견우 직녀가 사랑의 언어를 토해 내지 못했구나

까치집에서 떨어지는 빗방울이
까치의 눈물인 줄 뉘라서 알랴
요즘이야,
까마귀와 까치가 다리를 놓지 않아도
달콤한 초콜렛이 다리가 되어주는 세상
지고지순한 별들의 사랑이 바로 녹아버리는
초콜렛 사랑보다 못하지는 않건만

그대 모습 담겨진 빗방울을 닦으려
비오는 날 그대에게 가고 싶다

3 여자가 화장을 고치는 이유

여자가 화장을 고치는 이유

그리움에도 화장시간이 따로 있는가
꼬박 꼬박 오전 10시에 화장을 고치는 것은
그리움에 덧칠을 한다

내 여자는
오후 1시 어디에서 화장을 하고 있을까
화장시간 만큼 그리움에 쌓여 있을까
화장만큼 사무쳐 있을까
오후 4시에는 다시 고쳐요
기다리는 사람을 위하여,
그런데 금요일은 오후 6시에 고쳐요
불타는 사랑을 위해

한밤 10시에는 왜 고칠까요
삶의 흔적을 남기는
셀카 때문일까
찍히지 않는 나이테를 끌어안고
눈물로 화장을 지우고,
고치기 때문 이래요

그칠 줄 모르고 타오르는 향내는
밤을 지피는 등불이래요

무위無爲의 삶

살아간다는 것은
병 안의 파랑새 한 마리 키우는 것과 같다
기르는 것에만 집착하다보면
날아갈 기회를 빼앗아 버리는 어리석음

집채 같은 바윗돌이 내 가슴을 짓누르듯
염불소리 같기도 하고
내 마음을 울리는 기도소리 같기도 하네

놀 데 없이 노는 것
갈 데 없이 가는 것
먹을 것 없이 먹는 것
잘 데 없이 자는 것
함이 없이 하는 것

어디로 가게 될지
한 번 태어나기가 그리 쉬운 일은 아닌데
무너진 돌탑 앞에 문득 발걸음,
멈춤 없이 멈추는 것
그 어딘가로 감이 없이 가는 것이 아닌가

종소리에 들다

태풍이 오던 날 태양 따라 도는
종소리는 인간의 순례다
은산철벽을 넘어 에밀레종 같은
울림을 가진 소리는 무덤을 가지고 있다
눈물이 나면 모래의 고독, 먼지의 허공과 함께
노숙할 자리를 미리 써 놓고 가야 하는
혈흔血痕의 산야山野에 황사가 깨어 있었다

푸른 노트 속 책갈피에 자욱하게 내리 꽂힌 어둠을
꺼내 읽고 또 읽는 적멸의 밤
참으로 소중한 것은
계곡의 밑바닥까지 내려가
내가 아닌 나를 던져 버리는 일이다
파도와 바다가 그랬듯이 둘이 아닌
하나로 피울 흰 꽃이 나의 순례길이다

어느 산기슭에서 앞서 걸어간 이의 흔적을 좇아

태풍을 건너 미래를 스스로 만들어 가는

핑크색 종소리, 어밀래語密來*라 어밀래語密來라

---

* 語密來는 봉덕사의 범종이 속설인 부모를 원망하는 에밀레가 아니고 여래의 삼밀가피임지三密加被任持인 身密, 語密, 義密 중에서 따온 말인데, 밀교의 기도로 붓다의 가피를 받아 종불사를 마쳤다. 종모양은 붓다의 신밀과 같고, 종소리는 붓다의 어밀과 같고, 깨침의 원음으로서 의밀이 된다. 모든 종소리를 들으면 여래의 삼밀이 그대로 오기 때문에 육도 윤회에서 벗어날 수가 있다

꽃잎의 파동

이제야 터져 나올 수밖에 없는 봄의 소리에
보이지 않는 보라색 몸짓, 춤 춤 춤을 뿌려놓고 갔네
봄내음을 만지며 산으로 간 사람은 다 보았네
꽃잎의 눈썹 끝에 닭똥 같은 눈물이 사랑인가
벚꽃의 화사함이 이 처절한 사랑보다는 못 하겠네

한 잎의 꽃잎, 그 주름진 발바닥은 밴쿠버에서 칼날이 되었지
4분 9초 동안, 꽃불춤의 파동은 세계를 비틀고 휘감았다
드디어 올림퍼스 산꼭대기를 봄빛으로 물들인 스무 해는
깃털처럼 가볍게,
조지 거쉰의 선율처럼 즐겁게 울었다
흐드러지게 핀 봄소식에 놀라
화들짝 잠에서 깨어난 내 사랑하는 꽃잎도
울고 있었다

산으로 간다

울고 싶어라
울고 싶어서 산으로 간다
내 우는 소리를 들어주는 파랑새가 있다
내 울음 닦아주는 나무 잎이 있다
나무에 기대어 외로움을 달래기 위해
눈동자를 하늘 구름에 멈추어 섰다
사랑이 무언가를 물었다
사랑의 눈물이 구름이라고
난 구름이 되어 하염없이 울어댔고
눈물은 비처럼 수직으로 떨어졌다
울고 싶어라
비처럼 울고 싶어 산으로 간다

빌고 싶어라
빌고 싶어서 산으로 간다
내 비는 소리를 들어주는 바위가 있다
무엇에든 흔들리지 않고,
천둥 번개 비바람에도 깨지지 않는
바위에게 빌고 싶다

독배를 든 소크라테스와 달마보다도
해골물 마시고 깨쳤던 새로운 원효를
학수고대하는 것은 허사일까
틀림없이 막아 주리라, 바위는
보수와 진보, 그 논쟁의 바람살을 막아 주리라
오늘도 무소의 뿔처럼 하나가 되기 위해
빌고 싶어서
혼자서 산으로 간다

아, 사람아

아, 사람아
사랑의 숫자를 알까
625가 아니고 626이네
2는 너와 나, 다 6속에 갇혀있네
왼쪽의 6과 오른쪽의 6에
각각 2를 더하면 좌8, 우8이 되니
아, 사랑이여
이 생명 다 하도록 팔팔하게 살아가는 것
시쳇말로 9988234는 아니다

8은 사람의 모습일까
두 사람이 마주보고 누워
두 팔이 서로 만나면 영원한 사랑이 되니∞
손에 손 잡혀서 발에 발 묶여서
헤어질 수 없는 저 무한대의 생명이
황홀한 파동과 함께 푸르르니
아, 사람아
홀로 있기 싫어
몹시 그리울 때는 결코 지워지지 않는

얼굴들이 수천 송이 눈꽃처럼
626으로 피어날 것이리라

주 | 사람에게는 觀相이 있고 글자에는 字相이 있듯이 수에는 數相이 있다.
서양에서는 수비학數秘學 Numerology있다.
수란 삼라만상에 존재하는 우주의 비밀 코드이다.
수의 이치를 알려면 천부경을 이해하여야 한다

마지막 메시지

사랑할 시간이 많지 않다
곁에 누워 있어도 사모할 만큼 그립다
허락만 해준다면 12월을 그냥 넘기지 않겠다
모두 다 떠나 가버린 주차장에서
당신의 마지막 메시지를 읽는다
찢어져야만 하는 짧은 만남이 영원한 사랑인가
한 번 사랑하고 찢어 버리는 것,
사랑하지 않는 것보다 훨씬 멋지다
정갈한 입맞춤과
다시 올 재회의 길을 내기 위해
12월을 기다리지 않겠다
찢어져야만 하는 슬픈 사랑을 위하여

그림자

외로워 하지마라
그림자는 그리움을 그리는 자者다

불타는 서정의 순간

마음 아파서 쓴다
그대 아름다워서 쓴다
원고 값이 얼마인지 또 쓴다
사랑의 바이러스에 감염된 낭자한 선혈
모란꽃 무늬 옷을 적셨다
화살도 붉어져 피를 토한다
뚝, 뚝, 뚝 불타는 서정의 순간
문이 닫힌다

파도

한 남자 파도 속에 묻혀 있네
남해 금산 푸른 별빛에 갇혔네

파도 소리에 그 남자
울음소리는 들리지 않네

파도에 뚝뚝 떨어지는 별 속에
그 여인 사랑이 들어 있네

남해 금산 푸르는 바람 속에
나 혼자 흔들리네

아직도 별은 빛난다

– 부산은행 동우회 창립 30주년 축시

제일로 빛나는 별
그 이름 수려하다 아아라한 부산은행 동우회
아담한 둥지를 튼 지 30년
유구한 세월, 소중한 인연으로
떠오르는 태양으로
휘황찬란한 별빛으로 문을 열고 닫았다
오다가다 만남 사람이 아니고
같은 짐을 지지 않으면 안 되는 숙명적인 별무리였다
위대한 일은 위대한 인간에게서 태어난다
그 많은 별들이 하늘에서 빛을 쏟아내듯
그 많은 이름들이 별처럼 빛나 별꽃을 뿌리며
향기로운 열매를 거두던 시절이 있었다
강물이 바다에 모아지듯 이제 아릿하게 남겨진 이름,
부산은행 동우회에서 다시 만났다
홀로 있기 싫어 우리는 서로 손 잡았고
더 나은 삶을 누리기 위해 뭉쳤다
문득 찾아 가고 싶은 그런 날이 있다
사무치게 그리울 때는 결코 지워지지 않는
얼굴들이 수천 송이 눈꽃처럼 피어난다

이사장, 박사장이 그리워 바둑판, 고스톱판이 깔려 있는
동우회 사무실을 찾는다
어둠의 장막이 내려지면 한 잔 술로 옛일을 회상하며
노란 은행잎들을 밟고 집으로 돌아가는 그런 날이 있다
아, 부산은행 우리의 별자리인 부산은행 힘차게 약동함을
바라본다
든든하고 대단한 후배들이 기라성처럼 있다
가진 자와 가지지 않는 자의 싸움이 아닌 상생의 발전적
역사와 웅대한 비전을 빼어나게 빚어내고 있다
우리의 제1고향, 금융의 중심지
더 나아가 동북아 허브항에서 전 세계로 뻗어나갈 것이다
불모지에서 비옥한 땅으로 일구어 낸 그 끈기와 불굴의
집념은 백년의 세월을 이어가는 수천 개의 별들이 태어나
비추리라, 다 함께 비추리라
그 이름 영원한 부은동우회를 위해 온 누리에
어둠에서 밝은 빛으로
무한 생명의 창조로 비추리라

가을은 탱고를 타고

쓸쓸한 바람에 낙엽이 구르기 시작한다
아름다운 여인의 환상적 탱고 춤사위가 시작한다
중년 남성은 여인에게 관심을 일으키기 시작한다
관심이 없다면 죽은 거야, 가장 좋아하는 유일한 말은
바로 여인으로 시작하는 거야
탱고는 실수할 게 없어요
스텝이 엉키면 바로 탱고가 시작하니까
정말로 탱고는 완전히 배우지 못 했어요
여인의 연륜과 우아함이 너무 매혹적이어서
스텝이 엉키기 시작한다
엉키도 좋아요
꽃보다 한잔, 내 입맛에 맞는 술
내 눈을 맞추고
내 이야기를 들어주면
그 스텝도 사랑 찾아 가는 길이예요
걸어요, 어서 걸어요
개구리가 뛰는 것은 멀리가자는 것
Tango도 탄탄하게 가자는 것일까
낙엽 떨어지는 가을의 탱고를 타고

몸속에서 피는 산수유꽃

창 밖에 비가 내릴쯤이면
산수유꽃 향내음에
언제 터질지도 모르는
순백의 사랑을
목을 빼어 불러도
사박사박 가는 세월 멈출 수 없어
사랑은 스며드는 것이라지만
당신 가슴으로 사박스레 파고들어,
내 몸속에서 사운거리는 산수유꽃에 묻힌
나비의 꿈, 싸늘하게 식기 전에
호젓한 초록 길을 떠나가련다

불꽃, 불멸의 사랑

옛 차도 이렇게,
지금 차도 저렇게,
이렇게 저렇게 마셔도
맛은 절정이네
구름이 일고 안개가 낄 때는 보이차 마셔보고
바람이 불고 비가 올 때는 녹차 마셔본다
봄이 오니 새들도 차 맛을 아는지
물을 머금고 청공淸空 속으로 날아 가네

한 알의 모래에서 세계를 보듯
차 한 잔에 우주 만물이 들어 있네
차의 향기를 맡고 그 향기를 말하기는
어려운 것
입을 열면 그르치지만
다도의 낙처落處는 찻잔을 들고
눈과 눈이 서로 마주쳐 하나의 눈길이 되는 것
그대의 눈이 향기가 되어 내 가슴에 있어
사랑과 미움은 가을 속으로 떠났어
색향미를 분명히 알고 가는 이는

완강하게 버텨 서 있는 아집도 무너뜨리고
내 서늘한 가슴도 쓸어버리는
불꽃, 불멸의 사랑이여!

어머니 산소에서

어머니 무덤 위에 자라난 잡초를 뽑기 위해 비 그친 다음
날에 산소에 갔다
못 다한 정을 피우기 위해 호미질을 한다 무덤의 열기에
서 솟아 오른 열기에 떨어져 나간 이 불효자, 눈물이 땀이
되어 옷을 다 적신들 온몸을 던진 어머니의 눈부신 희생
과 넉넉한 가슴에 비하면 찌꺼기보다 못한 아들이였구나
무뚝뚝하지만 정이 많은 순수한 경상도 여인, 한글을 모
르는 어머니
어둠을 밀어젖히고 긴 산고의 여정 끝에 빛으로 다가가서
어둑한 새벽 아궁이에 불을 지펴 아침밥을 짓던 가냘픈
손은 어디에, 내 곁을 감돌던 치맛자락도 없다 산사에서
자식 덮고 잘 이불을 머리에 이고 황령산을 숨 가쁘게 오
르던 어머니, 어머니 없는 이불은 덮어도 아직 춥다
존재하는 모든 것은 아름다운 책이 듯 어머니의 마음은
언제나 경전이였다
불침으로 손을 찌르고 불찜 속에서 경을 읽으면 용서가
될까요
눈물 흘릴 때 닦을 수건을 제대로 권하지 못하고
아파 누워 계실 때 발 한 번 씻어 드리지 못했을까

나뭇가지에 매달린 파릇파릇한 잎이 낙엽이 되어 뿌리로
돌아감이니
저 미치도록 그리움 하나에 갇히는 날 다시 찾아와 무덤
가에 꽃씨를 뿌려 봄을 기다리고 있을 게다

묵향에 젖어

낙엽의 향, 가득한 깊은 가을 하늘, 창을 열고 검은 불꽃 터뜨리는 한 획, 또 한 획이 몸속에서 풀어져서 이 밤을 흔들고 있다 밤을 지새우고 마는 피의 흔적을 지워가는 예리한 붓끝에서 천지도 살아나오고 강과 산도 뭉게구름처럼 피어오르고 꽃들도 하늘 춤을 춘다
장인*의 붓길은 깁실처럼 부드럽고, 3차원의 세계에서 4차원의 세계로 나아가 시공을 골 깊게 담으며, 잊혀만 가는 시골의 정취를 소담스럽게 익혀내고 있었다
禪적 고행으로 얻은 땀의 결정체는 지혜의 산봉우리로 치솟아 아무리 써도 먹물이 마르지 않는다
존재의 집, 화선지에서 청포도 흑송 흑죽 흑매 흑란도 쌓여가고 있었다
성자가 있는 곳에는 일의일발이 남고, 손길 가는 곳에는 사랑과 묵향이 남는다 여백 사이사이에 파고든 면벽의 시간은 탈속인가, 화법과 서법의 시선視線이 붓끝으로 회돌아가는 태극인가
붓과 먹은 깨친 사람이 자연과 사람에 베푸는 크나큰 자비이며 묵향은 한 금 긋고 한 점 찍어 보이지 않는 무의식 세계까지 젖어드는 예인의 정신이다

붓길은 하나에서 시작하니 시작함이 없는 하나이고, 하나에서 마치나 마침이 없는 하나로 돌아간다
하늘을 진동케 하는 문자향文字香과 서권기書卷氣, 금정산을 넘어 우리들의 가슴에도 젖어든다

---

*智峰 김우석 문인화가

적멸의 화가*

덕수궁 미술관에서 본 자화상
속세를 정화시킨 에너지 확장,
영원히 살아 있다는 적멸의 표상이였습니다
들었습니다, 이 세상과 타협하지 않고
새로운 미술 세계를 개척한 선구자
동서양을 아우르는 통섭의 미학을 보았습니다
고전과 현대를 통합한 추상화를 어찌 알 수 있겠습니까
뚝뚝 떨어지는 환희의 눈물,
미륵보살반가사유상의 눈물일지도 모릅니다
당신의 작품 속에 眞을 위한 묘사와 탈속적인 자기 마음을
묘계환중妙契環中**에 맞추어
빛과 어둠을 하나로 묶었습니다
저 추상의 표적을 향하여 피를 토해내는 화살은
붉은 과녁과 하나가 되었습니다
추상과 피 사이, 새벽의 징검다리를 성성적적하게
그려낸 화가, 적멸의 화가로
그 이름이 남겨져 빛을 내고 있습니다

---

* 고인이 된 정영렬 화가
** 128쪽 참조

그때가 좋았지

– 장기연 시인을 추모함

세월이 가면 잊을까
그때가 좋았지
침묵하는 동안 그리움이 잊혀질까
그대에게 깊이 물어보자
하염없이 떨어지는 눈물이 그대인가
네 아픔이 내게 전해진다
시집 속에 낡은 사진
푸르른 살결 위에
천 년 생명의 메아리가 울렸다

4

옛 서라벌로 돌아가리라

옛 서라벌로 돌아가리라

분황사에 별 보거던 날 깨워주오
기다리던 기다린 님 오지 않고
바람소리 풍경소리에 잠 못 이루네

황룡사 달빛 아래 탑돌이 하는 날
내 가슴, 맨 가슴으로 목탑에 불 켜면
님이여, 날 불러주오 날 반겨주오

삼매경론* 설법에 대들보는 살아나고
백고좌 스님들 서까래가 되었네
불 밝은 목탑에 서면 한 생각 일어날까

한마음의 근원은 홀로 홀로 맑으며
삼공三空**의 바다에는 진眞과 속俗이 따로 없어
달 밝은 황룡사 터에 님 그림자만 내린다

---

* 금강삼매경론을 말함. 삼대 론서의 하나로 원효성사께서 직접 지었으며 황룡사에 이 경을 설하였음

** 아공我空 법공法空 구공俱空을 말함. 아공은 나에 대한 집착이 없으며 법공은 대상에 대한 집착도 없다. 구공은 아공 법공에 대한 생각마저도 끊어져 본성에 계합하는 것

제야除夜의 종소리

원효의 대승기신론소에 있는 깨침과
깨치지 못함을 읽고 있다
라디오 방송에서 흘러나오는 기상예보에는
영하의 날씨라고 전하는데
창문은 바람을 머금고
내 마음의 풍경은 또 울었다
스스로 역경을 이겨내지 않으면 안 된다는 것은
오늘의 진리가 아닐 수 없네
바람에 흔들리지 않는 마음 찾으려
꿈보다도 더 고운 자력에
이끌려 가는 종소리
인생이란 먼 길을 돌고 돌아 집으로
돌아가는 길의 종소리
서른세 번 울려 삼천대천세계를
조금씩 조금씩 껴안는다

푸른 밥상

사는 것이 사는 것 같지 않다
다 알 수 없는 고전의 깊이처럼
가슴으로 새벽까지 읽어도
사는 것 같지 않다
책장을 넘기는 소리는 밥하는 소리
시는 정신의 밥을 차려주는 밥상
이 밥상을 당나라까지 날려 버린
원효처럼 밥상을 다시 차리고 싶다
줄무늬 비는 줄줄이 내리고
꽃들도 님 생각에 서걱서걱 소리 내며
설죽도雪竹圖를 그린다
비 개인 후 하늘처럼
밥상은 푸르다

무애차

청솔가지 끝에서 우짖는 산새
풍경소리에 젖어 있네
기암괴석 고당봉에
범천의 고기 놀던 금빛 나는 우물 아래 원효암이 있었네
그곳에는 무애박, 무애가와 더불어
시장 한가운데서 무애춤을
추셨던 스님, 원효대사가 계셨으니
태백산에서 화엄의지법문華嚴義持法門을 설하신 의상대사는
원효를 찾아가 오래간만에 차를 마시면서
문무왕을 도와 십만 왜병 물리칠 궁리를 마련했었지
깊숙이 실리는 고요한 맛을 내는 무애차는
우리의 찬란한 문화, 영혼의 힘을
둥 둥 둥 법고소리에 풀어 놓았다
원효는 부처님 전에 무애차를 공양하고
'큰 가르침의 망을 던져 인천人天의 고기를 건지리라' 는
화엄경의 명구를 옥도장으로 새겨 부처님께 바쳤네
문무왕과 의상대사는 칠일칠야 화엄성중, 화엄성중,
신라병 두 손 모아 금정산이 우지직 부서지도록
화엄성중, 화엄성중, 마침내 십만 왜병 물리쳤다

어찌 나라를 위한 화쟁보살의 꿈이 거짓이련가
어찌 불문에 헛된 말이 있으랴
역사는 돌고 돌아도 그토록 슬픈 거 아니니
그토록 죽은 거 아니니
저 화엄경의 위신력이 일본을 참회케 할 것이며,
꾸며진 역사를 알게 하고,
바른 역사를 다시 세우게 하는 것이리라
원효를 사무치게 그리워했던 까닭임을
고즈넉한 산사의 돌탑을 몇 번 돌아본 후에야 알게 되었으니
황홀한 깨우침이 내 야윈 얼굴에
저녁노을처럼 붉게 붉게 물들고 있을 줄이야…

알몸

퍼덕거린다
비린내를 풍기고
알을 낳아 죽어가는 상처

누가 그 상처를 위해 술 한 잔 사주랴

명량대첩의 알은 백의종군이라 말하리라
목민심서와 세한도는 유배의 알을 까고 나와
추운 바다에서 육지로 돌아와 죽지 않고 살고 있다
새로운 새벽을 열고
빛나는 등불로 예토를 밝히고
저 서라벌의 기둥,
'참을 수 없는 것을 참는 것
말할 수 있는 것을 말하지 않는 것이
대인의 마음' 이라 설파한
효성사曉聖師*의 알은 무엇일까
파계했어도 붓다가 되었고
불붙은 비난의 화살을 받아도 석굴암 대불처럼 말이 없었다

세상에서 가장 작고 가장 낮은
이름 없는 아름다운 풀꽃을 위해
누가 술 한 잔 부으랴

---

*원효성사

만파식적萬波息笛*

피리를 가졌으면 한다
달은 움직이지 않고
달빛은 교교히
바람만 흐르고 벌레 소리 죽은 밤
아, 피리는 어디로 숨었을까
울적한 가락에 울리어 오는
내 마음의 슬픈 소리
비릿한 물소리 되지 않게

북두칠성 여름밤에 촛불 하나 켜고
새로운 세계가 열리기를 태고적 꽃씨를 심는다
사랑이 벽돌처럼 쌓여 더 큰 꽃집을 짓더라도
너무 아픈 사랑은 사랑이 아니다
우주 가득 꽃물에 젖어 숨을 못 쉬는 밤이 되지 않게
피리를 불었으면 한다

* 신라 31대 신문왕 때 대나무로 만든 신비한 피리임. 이 피리를 불면 적병이 물러가고, 병이 나으며, 가뭄에는 비가오고, 장마 지면 날이 개이며 바람과 물결이 잠잠해진다

거기 구두 한 짝 있느냐

거기 구두 한 짝 있느냐

천개의 달이 중천에 걸려 있어도
술만 퍼 먹네
천개의 달이 잠자리에 들어도
구두가 줄어들지 않는 어느 회식집의
신발장, 말은 못하고 지쳐있네
주인을 기다리는 구두 한 짝은 짝을 잃고 울고 있네
어느 취객이 한 짝 구두를 바꿔치기를 했는지
독배를 마시고도 살아난 달마 스님처럼
신발 한 짝을 지팡이 끝에 걸고
파미르고원을 넘어 갔는지
구두 한 짝은 어디로 뛰쳐나갔을까
신호 위반으로 아스팔트 바닥에 곤두박질하여 생을 마감했는지

거기 구두 한 짝 있느냐

횡단보도에 서서 택시를 기다리는,
곡예운전에 몸을 맡겨야 할 주인은

세상을 뜰 때 나머지 한 짝도 버려야 하거늘
천개의 연잎에 천개의 햇덩이를 모아
구두 한 짝을 찾는 일은 쓸데없는 일이 아닐까

비 젖은 출가 길

애지愛之를 투영하여
중지重之를 낳았네

당신을 통과하여
내 사랑 춤추네

치맛자락을
혼절시킨
벽 그림자 설핏해
출가 길이 하도 아득타

비 젖은 유리창에는
당신 모습 얼비치고
인생은 옐로카드
세월만 주룩주룩 내리네

존재의 집 9

– 得音

득음의 경지가 아니면
한 길로 갈수도 없겠지만
높은 눈, 깊은 마음 아니면
한 번에 필 수도 없겠지만
님은 가시고 꽃은 피었다

강 건너면 배 버리듯
님의 발자국은 없겠지만
바람결
물결
들꽃의 숨결은
내 안에서 필 타임캡슐
말은 말을 버리고
백척 장대로 은산철벽을 난타하는데
소 워낭소리 들리지 않고
나비 날개만 흰다

空

산길은 無로서 영원하고
有로서 잠시가 아닌가
깊은 空 생각에 잠기자
산길이 걸어 나오고 있다
온 몸에 환한 등불을 달고
深山幽谷 속으로 들어간다
그 속은 불가량不可量 불가지不可知한
파한破閑의 여인이
빚어낸 것과 같은
천지도 나오고
물도 흐르고
새도 날고
사람도 나오고
미물도 생기고

Oriental origin, 오리진悟理眞이로다

더불어 한 길

붉은 종루가 붉은 하늘에 달려 있다
종의 붉은 소리가 천지를 뒤엎는다

아직 세속의 티끌을 털지 못하고
매무새를 여미지 못한 나는
가신 님은 반드시 온다는 것을 몰라
침묵 속에 서서 바보처럼 울었다
뒤따라가야 할 이정표인 발자국 소리를 듣기 위하여
주리반특처럼 마음의 쓰레기를 쓸어내기 위하여
대나무 빗자루를 들고 쓸었다
이룰 수 없는 것이 없는 오늘이 찬란하게 있음이라
오, 늘 더불어 기쁨이어라

내 마음이 변할 수 있는 그 길
지금 가속도 페달을 밟으며 달린다
연등 하나 불 밝히려
감나무 빼곡히 가부좌 튼 산길을 오른다

나의 삶은 어떤 한 기도로 끝날 수 있을까

등불

그 등불 아래에는
가냘픈 손에 잡힌
환희의 향기가 떨고 있네
법화의 덩어리가 된
숨이 감돌고 있다
등불의 그림자를 업은 등불 하나
간절한 무심의 빛으로 오체투지를 하고 있다

아, 머물고 싶은 불멸의 먼 길
화엄이냐 법화냐

미래의 시간을 열어
벽을 뚫고 들려오는 범종소리에
침묵으로 가라앉고
황혼을 불태우려는 등불들이
내 마음을 알고
녹음 속에서 빛으로 우거지다

어느 禪師와의 대화

설선당說禪堂문을 열고 일배를 드리오니
선사는 바르게 보느냐고 대뜸 물으셨다
선사님 저는 볼 것이 없습니다
볼 것이 없다는 너는 누구냐
저는 몸을 낮추어 다니는 나비非입니다
선사는 볼 것이 없다는 생각 이전을 보라고 하셨다
땅바닥에 기어 다니는 지렁이보다도 몸을 낮추겠느냐
마음을 낮추면 비상하는 나비飛가 될 것을…
선사의 파안미소가 연꽃처럼 환하게 피어나고 피어나고
내 마음의 봄도 목련처럼 하얗게 피어나고
그 사이 스며드는 차향도 안개처럼 피어나고 있었다

선사가 또 물었다 '병안의 파랑새를 어찌 꺼내나'
많은 대답들이 나왔지만 선사는 다 틀렸다고 죽비를
내리치면서 호통을 쳤다
침묵, 침묵뿐
그때 한 제자가 입을 열었다
새는 밖에 있습니다
선사는 미소를 머금으면서 그렇다 새는 결코 병 속으로

들어간 적이 없지 다만 주시하는 자가 되어라

직입벽중과直入壁中過, 바로 벽속을 지나간다는 화두가 있다
미시세계의 현상을 다루는 양자물리학에 의하면 입자가
위치 에너지의 장벽을 뚫고 존재할 확률을 가진다는 사실
을 확인하였지
육공대부가 남전선사에게 물었다 주둥아리가 좁은 병속
에 새를 넣어 길러 어미 새가 된 후에 병도 깨지 않고 어떻
게 꺼낼 수 있겠습니까
병을 무한대로 풍선처럼 확장시킬 수만 있다면 병 속은
그야말로 우주 전체가 될 것인데 벗어나고 안 벗어나고
할 것이 있겠느냐

'병안의 파랑새를 어찌 꺼내나' 는 저의 제2집 시제목입니다

사랑의 곳간

비 내려서 고맙다
가뭄이 사라지니까 사랑의 곳간이다
비 내리지 않고는 어찌 그대를 생각할 수 있으랴
문설주에 걸려든 그대 목소리
보릿고개 넘어가는 고적한 밤,
절체절명絕體絕命, 가뭇없이 지나간다

콧구멍 없는 소*

죽도록 비틀거릴 때
나를 감싸주는 손을
아스라이 잡아 보는 것

아직 거짓의 옷을 입고
새벽을 열지 못한 푸른 어둠은
담쟁이 덩굴이였네

솔가지의 속삼임과 새들이 길을 내주는
산사로 떠나는 오늘이야말로
콧구멍 없는 소를 보는 날이 아닌가

콧구멍 안에 또 콧구멍 하나가 더 있는 소가
도시의 가파른 벼랑 아래로 떨어져야
역사의 방향을 움직일 힘,
그 힘이 살아 있는 시계 하나가 내 몸 안에 있고
천상의 맑은 음악 들을 수 있다는 것을…

그대, 가을이 옵니다

---

*경허선사는 소가 콧구멍 없다는 이 처사의 말을 전해 듣고 다음과 같은 시를 지었다.
문득 콧구멍 없다는 소리에 삼천대천세계가 내 집임을 깨달았네. 유월 연암산 아랫길에 일 없는 들사람 태평가를 부르네.

知見의 묘법연화경을 읽다

아버지, 아버지의 서원誓願이 무엇인가요
전생에 지었던 서원이 무엇인가요
선가의 가풍이 불립문자라
말을 끊어, 말 없는 것이 서원인가요

붓다는 지견을 열어
청정케, 보이게, 깨어나게, 道에 들게 하려고,
청청 하늘에 벼락이 치고
룸비니 동산에 꽃비를 그렇게 많이 내려셨군요

달빛 아래 촛불 하나 켠 方便바라밀이 곧 지견이며
知見바라밀이 곧 방편이란 것을 알았어요
한 사내가 거울에 비추어 보는 자신의 낯이 남이 아닌 걸,
잉걸불처럼 타들어 가는 나뭇가지를 쳐 손해 보는 일,
저녁 예불을 드리던 범종 소리에 깨어나
부처대접을 받고 싶은 마음을 버리는 것,
소금 같이 변하지 않는 말,
나도 만족, 너도 만족 win-win이 지견인 것을 들으면
나는 왜 아버지 생각만 날까요

싸이의 말춤처럼 환하게 펄럭이는 깃발이,
절 고을의 연등이 바람에 한들거리며
法이 지견이다, 門이 방편이라는 무정설법을 듣고
법문 좋아, 참 좋다하면서 한 귀로 흘리면
참 불자가 아니지, 배낭 속에 세월을 주워 담고 한 점 불꽃으로
내려온 실내악의 음표, 아직은 밀라레빠의 십만송十萬頌을
읽지 못하는 어두운 산사의 새벽이지

차 한 잔 마시고 가게

차 한 잔 마시고 가게
금어사*에 처음 오신 분도
금어사에 와 본 일이 있는 분에게도
차 한 잔 마시고 가게
그릇이 비워 있어야 새것을 채울 수 있으니
비워 있는 것만이 사랑이며 능소화였다
얼마만큼 비워내어야 저렇게 활짝 피울 수 있을까
차를 마시는 일은 세상을 마시는 것이 아니라
세상한테 지는 연습이다
식탁에 올라온 구멍 뻥뻥난 연뿌리처럼
누군가의 푸른 반찬이 되어야
살았다고 할 것이 아닌가
제사상에 차려진 돼지 머리처럼 웃어야 하지
처음 오신 분을 위해
이미 와 본 일이 있는 분을 위해서도
차 한 잔 마시고 가게
금어金魚도 초향初香에 스며
남은 날이 밝아지겠네

---

*부산 금강공원에 있는 절

설다雪茶

청산이 변할 듯 하얀 눈이 내리네
설 얼은 내 마음을 데우려 했더니
설한풍은 차갑구나
다향은 꽃을 피워 달궁의 신화信話를 쏟아 내고
썩은 나무에 가지가 스멀댄다
이제 산천초목이 맑디맑아
돌아갈 곳을 잊은 나그네는 아무도 없어라

종소리에 들다

성흥영 시집

5

원효학개론

원효순례

산티아고 길,
성자 야고보가 스페인 산티아고까지 걸었던 순례의 길이 한국에는 없을까?
1300년 전 원효가 걸었던 구법의 길이 있다. 불멸의 성인 원효를 생각하며 경주에서 수원 남양만 근처에서 해골물을 마셨던 곳까지 697Km를 걷는 것은 통일을 위한 서곡이다. 둔황 막고굴에서 발견한 필사본 대승기신론소를 외우며 여행의 안녕을 빌었던 실크로드 여행자처럼 걸어야 하네

원효학Wonhyology은 한마음이며 긍정의 미학이다
그것은 원효의 생각들을 간추리는 것, 참된 마음과 속된 마음이 한마음이 되는 일심一心, 일심을 중생심이라 하는 것이 특징이다. 일심이 되고 걸림이 없으면 생사를 벗어날 수 있다는 무애無碍, 한마음이 되고 걸림이 없으면 백가百家의 이론 다툼이 하나가 되는 화쟁和諍, 화쟁이 되기 위한 소통과 공감이 바로 통섭通攝, 이 넷의 생각을 일러 원효학이라네, 이러한 생각들을 효이즘Hyoism이라 부르고 싶네

대승기신론소는 일심에 이르는 道學이며, 무명망심을 없애는 지극한 학문 至學이며, 명상과 정법공부로 육바라밀을 실천하는 실천학이니 〈미세한 마음의 먼지를 제거하는 청정기〉와 같네, 도라는 것은 사립문을 열어 망념을 좇아 버리기 때문에 〈도깨비방망이道開扉放妄已〉라고도 할 수 있네

대승의 본질

대승은 우주의 허공처럼 그윽하고 깊어서 어찌 말하랴
진리는 현상적이고 모든 말에 포함되지만 언설로서는 그 의미를 밝힐 수 없다는 것이네
허블 망원경으로도 볼 수 없는데 어찌 눈으로 볼 수 있으랴
언어의 길도 끊어졌으며, 마음 갈 곳도 없는데 어찌 말할 수 있으랴
그렇다고 말을 하지 않을 수 없어,
이 우주적 대승이 안이 없는 아주 작은 겨자씨나 극미의 세계인 미세한 소립자, 인허진鱗虛塵 속에 들어가도 남김이 없고
바같이 없을 정도로 큰 허공을 감싸고도 남음이 있다
대승의 몸은 有로 이끌려고 일심眞如라 해도 空이며
無로 하여도 만물이 一心을 타고 생기니
무엇이라 말을 할까
무아지경에 들어가 생각해보니
대승, 억지로 대승이란 말밖에 할 수 없구나
대승이란 우주적 마음인데 마음은 큰 허공과 같이 텅텅 비워내어서 사사로움이 있을 수 없고, 큰 바다와 같이 넓어서 지극히 공평하면서 없는 것이 없네 공평하기에 움직

임과 고요함이 하나로 이루어지며, 사사로움이 없기 때문에 오염됨과 청정함이 하나인 염정일여染淨一如이므로 출세간법인 진제眞諦와 세간법인 속제俗諦는 차별이 없고 움직임과 고요함이 있으므로 오르고 내림의 차별이 있네, 오르고 내림의 차별이 있으므로 감응의 길이 열리며 진속이 평등하므로 더럽다 깨끗하다는 생각의 길이 끊어졌다 생각하는 길이 끊여졌기에 대승의 마음을 체득한 자는 마음의 그림자와 마음의 소리를 타고 일정한 곳 없이 중생을 제도하고 감응의 길이 통하는 까닭에 대승을 비는 자는 이름과 형상을 초월하고 귀의함이 있다 대승의 진리로부터 생긴 그림자와 소리(대승기신론 따위)는 모양도 아니고 언설도 아니어서 이미 이름과 형상을 초월했으니 무엇을 초월하고 어디로 귀의한단 말인가 이를 일컬어 無理之至理 不然之大然*이라 하네 즉 이치가 아니면서 지극한 이치이며, 그렇지 않으면서 크게 그러한 것이라고 하네

*불연은 그렇지 않다는 부정이며 대연은 그렇지 않는 것도 아닌 대긍정이다. 그런 것도 아니기 때문에 부정과 긍정을 함께 불허하고, 그렇지 않는 것이 아닌 크게 그러한 대긍정이기 때문에 부정과 긍정을 다 허용할 수 있다는 것이네. 없음에서 있음이 생기듯 지극한 이치는 이치가 없는데서 생기며, 대긍정은 부정에서 생긴다. 세상에 고요함이란 소리가 있기에 가능하고 소리가 있기에 고요함이 가능한 것과 같다.

기신起信의 의미와 삼대三大

기신이란 믿음을 일으킨다는 말이네 믿음이란 결정코 그러하다고 여기는 말이니 이치가 실제로 있음을 믿으며, 닦아서 얻을 수 있음을 믿으며, 닦아서 얻을 때는 무궁한 덕이 있음을 믿는 것이네

'이치가 실제로 있음을 믿는다' 는 것은 체대體大(본질)를 믿는 것이며, '닦아서 얻을 수 있음을 믿는다' 는 것은 상대相大(내용)를 믿는 것이니 본성의 공덕을 갖추어 중생을 훈습하기 때문에 반드시 마음의 근원에 돌아가게 됨을 믿는 것이다 '무궁한 공덕의 작용이 있음을 믿는다' 는 것은 용대用大(작용)를 믿는 것이니 하지 않는바가 없기 때문이네 마치 달 자체, 달빛, 달그림자가가 천강에 비치는 것을 믿지 않는 자가 있을까?

대승은 몸이요 기신은 작용이기에 대승기신론은 대승 스스로가 믿음을 일으키는 논이기에 대승이 믿음을 일으킨다는 것은 우리 스스로가 믿음을 일으킨다는 것이네 우리가 대승이고 우리가 중생심이고 우리가 일심이고 우리가 붓다이기 때문이네 사람이 사람노릇하기 어렵듯이 대승이 대승 노릇 못하면 대승 사람이라고 볼 수 없지 않은가

행복은 진여삼매다

파도와 물이 같지도 않고 다르지도 않듯이 불변의 진여眞如와 변화의 생멸生滅도 그와 같다 석가탑이 없으면 다보탑이 없듯이 생멸의 마음이 없으면 진여의 마음도 없네 두 마음이 하나 되는 한마음 밖에 없네 바람에 의한 파도 같은 생멸의 마음을 잠재우고 절대 고요한 바다와 같은 진여의 마음을 되찾는 것인 데, 우리의 고향인 본래 깨침(本覺)으로 돌아가는 것이네 모든 강물이 흘러 바다에 이르는 것과 다르지 않네

〈참 그대로〉인 진여의 마음은 일법계대총상법문체一法界大總相法門體이다 나무만 보지 말고 숲 전체를 보는, 파도만 보지 말고 바다 전체를 보는 총괄적인 법문이므로 모든 삼매는 진여에서 나오니 진여삼매는 삼매 중 최고의 삼매, 진여삼매는 혁명적인 진리를 향한 에너지 충만이다

(Tathatā samādhi is energy full for revolutionary truth)

장님 코끼리 만지듯 하면 진실로 코끼리를 알 수 없네 모든 존재하는 사물을 진여의 마음으로 볼 때 대긍정을 얻을 수 있다 이야말로 '이치가 없는 지극한 이치며, 그렇지 않으면서도 크게 그러한 것' '뜰앞의 잣나무' 요 '산은 산' 이네

'모든 것은 다 무상하구나 이것이야 말로 생멸법이라
생멸을 멸하면 적멸(진여)이 바로 행복이리라'

진여의 정의正義Justitia란 이른바 심성心性은 불생불멸이다 삼라만상은 오직 망념에 의해서만 차별이 생기며, 만약 망념을 여의면 곧 모든 대상의 모습은 없어지네 그러므로 삼라만상은 본래부터 말을 떠났고 이름도 없으며, 말과 이름의 분별마저도 떠났으므로, 마침내 평등하고 변하거나 달라지지도 않으며, 파괴되지도 않는다 오직 일심뿐이므로 진여라 말하는 것이네 왜냐하면 모든 언설은 임시적인 이름일 뿐 실체가 없으며, 저 언설이 단지 망념에 따라 생긴 것이므로 진실과 지혜의 입장에서는 여의지 않을 수 없네 이런 고로 말을 여의고 생각을 끊었음이라

인연법과 일심법

불법의 알파는 인연법, 오메가는 일심법이네
'마음이 생기면 온갖 현상이 생기며
마음이 멸하면 온갖 현상이 멸하니
삼라만상은 오직 마음이며 만법은 분별인식인데
마음 밖에 대상이 없으니 어찌 당나라에 가서 구하랴'

원효성사의 깨침은 바로 하나 되는 마음인 일심이였네
이 일심,중생심에는 불변의 眞如(참 그대로)와 변화의 生滅(生住異滅의 현상) 두가지 문이 있네 불생불멸의 마음은 붓다의 마음, 생멸의 마음은 범부의 마음이니 붓다의 마음을 갖지 않고 마음을 닦는 것은 나무에서 고기를 구하는 것과 같네

대승을 향한 발심과 수행

여섯 나쁜 길의 늪에 빠져 허우적거리는 중생 건지려면 의혹과 집착 끊게해야 하네 의혹에는 법을 의심 하는 것이 발심하는데 장애가 되네 대승의 몸이 하나인가 여럿인가, 하나라면 다른 법이 있을 수 없어 구도자는 누구를 위해 뜻을 펼 것인가 여럿이라면 하나가 아니어서 상대와 내가 다를 것인데 어찌 동체대비를 일으킬 건가
이에 일심법을 세워 의심을 깨뜨리니 오직 일심, 다른 어떤 법도 없다는 믿음이 약이니라 다만 무명의 바람이 불어 번뇌의 파도를 일으켜 일심의 바다를 미혹시켜 육도六道를 헤매고 있을 뿐 파도는 바다를 벗어나지 못하네
의혹에는 교학을 의심하는 것이 있어 수행하는데 장애가 되네 교설의 문이 하도 많아 어떤 문을 두드릴까 모든 문을 다 두드린다면 많은 세월 걸리고 한두 가지 문만을 열려면 어떤 문을 찾아야 할지 우물쭈물하네
그래서 두 문만 있어 진여문에 의하여 사마타(止)의 삼매를 닦고, 생멸문에 의하여 위빠사나의 관법을 밝히는 觀을 동시에 닦으면 의심이 끊어지네
멈추면(止), 다 보이네(觀), 멈추는 것은 모든 대상에 대한 생각을 쉬는 것, 觀은 인연에 의해 일어났다 사라지는 모습

을 집중하여 관찰한 것이네
저 용수는 불법의 바다는 믿음으로써 들어 갈 수 있고, 지혜로써 건널 수 있다고 말하였네
대승은 일심뿐, 이 일심만을 믿고 이해하면 대승의 바른 믿음을 일으킨다고 하여 두 가지 나쁜 집착, 자기가 있다는 집착, 자기 것이 있다고 대상을 그리워하는 집착을 버리고, 참 지혜는 언어 문자로써는 분별할 수 없기에 무분별의 지혜만이 여래 집안에 태어나 부처의 지위를 잇게 되기 때문에 부처의 씨앗이 영원히 사라지지 않는 까닭이라네

머무는 바 없는 것 마음, 보이는 것 모두 삼천 초목
크다!
허공처럼 이르지 않는 곳이 없고
불가사의 하고, 장대하고, 깊고, 높고,
많고, 훌륭하다
집착이 없는 사람이여
오지도 않고 가지도 않는 구나
항상 본래의 깨달음으로 중생을 리더 하는구나
머무는 바 없다는 것

삶과 죽음, 행복에도 머물지 않는 것
즐거운 마음을 갖고 마을에서 산다는 것
얼마나 값진 것인지 얼마나 어려운지

모든 것은 마음먹기에 달려 있음과 삼세육추

세간의 모든 대상이 다 중생 무명의 허망한 마음에 의해서 생겨나니 모든 대상이 거울 속의 영상과 같아서 그 실체를 얻을 수 없음이라 마음이 생기면 현상이 생기고 마음이 사라지면 현상이 사라지기 때문이네

삼라만상이 오직 마음에 의하여 만들어지니, 무명에 의한 마음의 움직임이 있고(業識), 움직이는 마음에서 인식주관이 생기며(轉識), 인식대상이 나타나며(現識), 인식대상을 분별하고 판단하며(智識), 그 대상에 대하여 집착하고 그 대상이 허영이며 마음의 그림자인 것을 모르고 마음 밖에 존재하는 실재라고 생각하고 그 집착을 계속하는 것(相續識), 상속에 의하여 마음이 굳어진 상태(執取相), 위의 망집에 대하여 헛된 이름과 어구語句를 붙여 더욱 분별 집착하는 것(計名字相), 계명자상에 집착하여 행위가 나타나 업을 짓는 것(企業相), 이 업에 의하여 고통을 받는 것(業繫苦)

삼세三細는 세밀한 심리적 현상으로 업식 전식 현식을 말하네, 육추六麤는 거칠게 나타나는 심리적 과정으로 지식 상속상 집취상 계명자상 기업상 업계고상을 말한다 이 삼세육추는 인간의 미혹한 심리 상태의 실상이네

원초의 마음

사람이 죽으면 의식과 잠재의식은 사라져도
깊디깊은 충동에너지인 제8아리야식은 없어지지 않고
다음 생애로 넘어가네
사람이 태어날 때 그 원초의 마음은 어떨까
전생의 업에 의하여 오염되어 있지만
언제든지 그 본래의 깨끗한 마음으로 돌아갈 수 있다
돌아갈 수 있는 가능성을 여래장如來藏이라 하네 아리야식이라하네
이 마음이 새로운 삶을 시작하고 삶의 과정은 신비하고
은밀한 것이므로 그 전모를 밝힌다는 것은 어려운 일이네
더럽혀진 마음과 깨끗한 마음 둘이 아니고
움직이고 고요함이 구별이 없지만
또한 하나인 것도 아니란 것이 절묘하고 신비하기 때문에
알기 어렵다고 하는 것
해동소海東疏*는 깐깐하다 하지만 학문의 즐거움을 어디에서 찾을까
가이없고 전지전능하며 움직임이 없는 마음이
무명훈습無明薰習으로 시공時空이 한정되고
지혜와 능력이 떨어지는 더럽혀진 마음으로 움직이는 것

이 업식業識인데
마치 무명의 바람이 불어오면 물결이 일어나는 것처럼
마음이 움직이면 그 무엇인가를 받아들이는
주관 주체인 마음으로 탈바꿈하네 이를 전식轉識이라 하며
그리고 무엇인가를 나타내고 이룩하려는 마음, 현식現識
으로 나아가네
이러한 마음들의 변화는 원초의 마음에서 이루어지는 것,
제8아리야식의 자리에서 일어나는 것이라고
여래장은 여래의 씨앗을 튀기는 특별조치법이라
원효학의 기초공사에는 삼계유심 만법유식, 심식心識의
삽을 들어야 한다

*원효성사의 해설서인 대승기신론소를 말함.

더불어 한 길

묘법연화경이란 시방삼세 모든 부처님이 세상에 출현한 뜻이요, 구도사생九道四生이 다 부처되는 한 길로 들어가는 넓은 문이라
묘법은 경을 받아 지녀 읽고 외우는 것이네 묘법은 상대방의 날카로운 비수를 받아들이고 자기부터 변화하여 이해를 할 때 비로소 경을 움직일 수 있는 힘이 생기네
제불이 많은 방편으로 인연과 비유를 가지고 중생들의 수준에 알맞게 여러 가지의 법을 말씀하는 것도 모두 부처의 지혜를 얻어 끝에는 부처되기 위한 것이네
인간의 존엄성이 있기에 모두 잘 살아야 된다는 것이고 따라서 국가도 발전 되어야 한다는 주장이라 보면 되겠네
마음과 부처와 중생은 차별이 없다는 평등사상, 죄를 지은 악한 사람까지도 부처가 된다는 인권 운동이 1300여 년 전에 원효에 의하여 전개되었음을 새롭게 알아야 하는 것을 『송고승전』에 원효성사를 '戒 定 慧 삼학을 두루 정통하여 萬人의 적敵'이라 했네 효성사 태어난 곳을 부처의 땅, 불지촌佛地村이니 이 땅에 가장 먼저 부처의 태양을 빛나게 했으니 두 말할 입이 없네

중도는 묘계환중妙契環中이다

저 중생심의 근원은 본래 우주적 마음이어서 홀로 초월했으니, 진여이다 생멸이다를 구별할 필요가 있겠는가? 저 무소득의 삼공三空(我空 法空 俱空)*의 바다인 허공 법계는 眞과 俗을 다 받아들여 깊고 고요하니 둘이 아니며, 진과 속이 합쳐졌으나 하나일 수는 없지 않은가?

묘계환중이란 유무, 진속, 더럽고 깨끗함, 옳고 그름의 양극단을 초월한 중도의 경지로 융통자재이네. 〈저것과 이것, 대립된 양면을 얻지 말라. 도의 핵심은 그 둘레의 중심을 얻어 하나로 되는 것으로 시작된다. 그러면 무궁하다.〉

다시 말하네 진실로 그러한 부정에서 크게 그러한 대긍정이 돌출하므로 능히 설하신 말씀이 묘하게 진리의 핵심(중도)에 들어맞다.

회전문에는 하나의 중심축(지도리)이 있어 들어가고 나아감이 자유롭다. 알베르 까뮈는 '위대한 아이디어는 레스토랑의 회전문에서 탄생한다' 고

---

*아공은 나를 버리고, 법공은 나의 것을 버리고, 구공은 버린다는 마음마저도 버리는 것

시인의 말

:: 문학의 목표는 인간성 회복과 사회정화에 있다. 이는 구도자의 목표와 같은 것이다.
존재의 집이란 오온五蘊의 집이다. 오온은 물질과 정신의 집합체이다. 즉 色受想行識이다. 하이데거는 언어를 존재의 집이라 했다. 철학자 박종홍 교수는 실존철학을 물으려 하이데거를 만났다. 하이데거는 금강경을 보라는 말에 충격을 받고 금강경을 읽었다.
識이란 인류의 정신사를 새로 바꾼 획기적인 패러다임이다. 의식은 빙산의 일각이다. 빙산의 하층에는 잠재의식과 무의식이 있다. 제7식인 말라식이 있고 제8식인 아리야식, 제9식인 암마라식(白淨識), 제10식인 건율타야식乾栗陀耶識(진실심)이 있다.

:: 문학의 새로운 지평선New horizon은 통섭문학이다.
최고의 경영학자 피트 드러커가 말한바와 같이 20세기를 〈단절시대〉라 하면, 21세기는 원효성사께서 말씀하신 원만하게 보듬고 만나서 소통하는 원융회통의 정신을 강조한 〈통섭시대〉이다. 통섭이란 말은 원효성사의 대승기신론소에서 이미 사용한 용어로 〈마음이 바로 일체의 세간법과 출세간법을 포괄한다〉는 뜻이다. 통섭通攝을 모르면 신지식이 아니라고 할 정도로 인구에 회자되었다. 오늘날 문과와 이과를 통합하는 경향이 있다.

에드워드 윌슨의 컨실리언스consilience를 번역한 통섭은 생물학을 학문의 통합축으로 삼고자 한 것이다. 시인은 생물학을 주축으로 하는 통섭보다 문학이 주축이 되는 통섭이 필요하다. 그러므로 시인은 철학의 빈곤을 타파하고 역사를 미리 내다 볼 줄 아는 안목을 키우고 우주적 자아를 찾아 자연과학 고고학 인류문화학까지도 섭렵하여 창조적인 두뇌를 증장할 때 시는 죽지 않고 살아날 수 있다고 생각한다. 서정시는 인간에게 많은 감동을 주지만 오늘날 서정시만을 주장하면 시의 영역은 줄어들기만 한다.

어떤 사람이 중국 송나라 시인인 양만리楊萬里에게 물었다. "시란 무엇입니까?" 시인은 말하기를 당신이 시를 단지 단어의 문제로 말한다면, 나는 단어를 제거한 시가 훌륭한 시라고 말할 것이요, 또 당신이 시를 단지 의미의 문제로 말한다면, 나는 의미를 제거한 시가 훌륭한 시라고 말할 것이요, 그러나 당신이 단어도 없고 의미도 없다면, 시는 어디에 있습니까? 하고 묻는다면 이렇게 말할 것이요. '단어를 없애고 의미를 없애도 시는 여전히 거기에 있다.'

문학과 예술은 자아실현의 행위철학에서 무아실현의 무위無爲철학으로 가는 건가? 언어를 떠난 진실을 찾는 것이 시인가?

천학비재淺學非才한 소생의 작품세계는 명상이 있는 존재의 집이라고 할 수 있다. 사람이란 바로 사랑자체인 까닭에 명상을 통해서 사랑을 노래한다. 그러나 내 사랑은 언제나 미완성이다. 사랑을 사랑이라 하면 늘 그러한 사랑이 아니기 때문이다. 시란 깨침의 언어로 짓는 절과 같기 때문에 숨어 있는 의미를 알려면 존재의 깊이를 탐구하여 하나가 되는 것이다.
우주적 자아를 찾는다. 그것은 고유성, 역사성, 우주성이다. 사람은 공적영지空寂靈知의 자기별이 있다. 망상과 집착을 비우기만 하면 자기내면에 있는 본래의 별이 우주의 신비를 향해 스스로 빛을 내는 발광체이다.

:: 역사의 뿌리를 망각하면 미래가 없다
단재 신채호 선생님은 고조선이 없으면 역사가 없다고 한다. 없는 역사를 꾸미지 못할망정 있는 역사도 송두리째 빼앗기고 있다. 환단고기桓檀古記에 의하면 우리의 역사는 9천 년이다. 1919년에 프랑스인 에밀 리쌍이 발견한 홍산문화紅山文化의 유적들이 황화문명보다 천 년이나 앞서고 있다. 중국의 동북공정은 우리 배달국의 홍산문화의 진실을 감추기 위하여 시작되었던 것이다.
한국이라는 이름이 환인하느님이 만 년 전에 바이칼(빛깔)호수 부근에 천산天山아래 세웠던 환국의 이름을 의미 한다. 압축 성장을 한 현재의 한국은 환국(7세 환인 3301년), 배달국(18세 환웅 1565년) 고조선(47세 단군 2096년)의 피를 받은 민족으로 자긍심을 가져야 한다. 사투리 할배, 할매의 어원은 우리역사에서 찾을 수 있다. 할배는 바로 활배活倍이다. 이는 중앙아시아를 누볐던 활달한 배달국을 말한다. 할매는 활산活山인 백두산을 말하는 할뫼이다. 삼신 할매란 말도 여기에서 유래되었다고 본다. 우리는 잊어버린 역사를 되찾아 참된 역사를 재인식하고 역사의 정통성과 진실한 한국인을 길러내기 위한 새로운 역사교육의 커리큘럼을 개발하여야 한다. 삼국유사에서 환웅과 곰이 결혼하여 단군을 낳았다고 한다. 곰과 호랑이는 부족국가를 상징하는 토템 사상이다. 우리 프로 축구에 곰, 사자, 독수리 팀이 있지만 선수들이 사람이지, 곰이고 사자고 독수리는 아니다. 역사학자 이병도 교수는 결국 끝에 가서야 단군은 신화가 아니고 사실史實이라고 고백하였다.

오! 70주년 광복절을 맞이하는 날, 우리는 영원한 대한민국이다. 대한사관大韓史觀이다. 태극기 만세!

:: 붉은 악마는 치우천황이다.

축구 시합할 때 붉은 깃발을 흔들고 응원하는 것을 본다. 붉은 악마는 우리의 조상인 배달국의 14세 환웅인 치우천황이며 도깨비방망이다. 단군기원전 374년에 등극하여 도읍을 신시에서 중원지방의 청구로 옮겼다. 치우천황과 중국의 황제 헌원과의 전쟁은 탁록전에서 10년 동안 73회나 싸워 치우천황이 이겼다. 이러한 사실이 사마천의 史記에는 왜곡되어 있다. "황제가 제후들의 군대를 징집하여 탁록의 들에서 싸워 드디어 치우를 사로잡아 죽였다."고 기록 되어 있다. 치우는 전쟁의 神이다. 치우의 머리에는 구리와 쇠로 만든 투구(구리머리 쇠이마)를 쓰고 손에는 철방망이를 들었다. 중국인은 이를 보고 무서워서 뿔이 달린 도깨비로 둔갑시켜 인격을 말살시켰다. 우리가 알고 있는 부자 방망이인 도깨비방망이의 유래가 여기서 나왔고, 우두머리牛頭首라는 말도 여기에서 나왔다. 중국의 제왕들은 한고조 유방의 대에 이르기까지 큰 일이 있을 때 산동성에 있는 치우천황의 무덤 앞에서 제사를 지내는데, 비단폭 같은 붉은 기운의 깃발 같은 것이 일어난다고 하여 치우기蚩尤旗라 하였다. 이순신 장군은 전쟁을 치르기 전에 반드시 치우제를 지낸다(난중일기).

:: 원효학이란 여래장설을 토대로 하여 원효의 생각을 간추리는 학문이다. 원효라는 이름은 으뜸의 새벽이라고 하지만 방대한 저술과 선사상의 해설을 보면 〈깨침의 원조〉라고 부는 것이 정확하다. 원효는 화엄경 십회향품에서 붓을 던지고 거리로 나와 새로운 불교, 자기가 경험한 귀한 가르침을 세속에서 편 제3의 붓다이다. 시인들은 문인을 연구하여 석 박사가 되고, 평론가가 되는 것처럼 위대한 성인의 가르침을 연구하면 심성이 밝아져서 좋은 글이 나올 것이라고 생각해본다.
만약 이승에서 맑고 깨끗하며 고결하게 사는 시인이 있다면 탁월한 영계의 시인들이 항상 그를 지켜 줄 것이다. 시인 말라르메가 말했듯이 "이 세상은 한 권의 아름다운 책으로 귀속되기 위해 만들어졌다." 책을 읽고 지식을 내 것으로 만들어 가는 공부에서 마음의 본체를 들여다보는 공부까지는 나의 공부는 한없이 모자란다.
시는 불꽃 핀 고독과 깊숙한 사랑이다. 시의 완성도가 미륵의 미소이며 마이트레야돌핀Maitreyadorphin이다. 인간의 삶 자체를 사랑으로 묘사하고 살 수 있다는 것은 참 행복한 일이다. 서로의 가슴에 생채기를 내며 등지고 살 일은 아니다.
시는 춤일까? 한 소매의 춤일까? 원효성사는 무애춤을 그렇게 추었는가 보다. 나는 영혼의 울림이 있는 시공양이나 실컷 하고 원효사상을 새롭게 디자인하고 싶다.

'부서진 수레는 구를 수 없고, 이 몸은 반드시 마침이 있으니 생각하면 생각할수록 급하고 또 급하다.'

종소리에 들다

인쇄일 2015년 9월 1일
발행일 2015년 9월 5일

지은이 성흥영
펴낸이 박철수
펴낸곳 도서출판 해암

등록번호 제325-2001-000007호
주소 부산시 중구 백산길 17 삼성빌딩 702호
전화 051)254-2260, 2261
팩스 051)246-1895
메일 haeambook@daum.net

ISBN 978-89-6649-078-3 03810

값 12,000원

*2015년 부산진구 문화예술 창작집 발간 지원금을 일부 지원받아 제작되었습니다.
*이 도서의 국립중앙도서관 출판예정도서목록(CIP)은 서지정보유통지원시스템 홈페이지 (http://seoji.nl.go.kr)와 국가자료공동목록시스템(http://www.nl.go.kr/kolisnet)에서 이용하실 수 있습니다. (CIP제어번호 : CIP2015023839)